die Gottes Bild verdecken.

Du sollst dir kein Bildnis noch irgendein Gleichnis machen, weder des, das oben im Himmel, noch des, das unten auf Erden, oder des, das im Wasser unter der Erde ist. Bete sie nicht an und diene ihnen nicht.

2. Mose 20,4.5a nach Martin Luther

Fertige dir kein Gottesbild an. Mach dir auch kein Abbild von irgend etwas im Himmel, auf der Erde oder im Meer. Wirf dich nicht vor fremden Göttern nieder und diene ihnen nicht.

Exodus 20,4.5a nach Die Gute Nachricht

Dann sah ich, wie Thronsessel aufgestellt wurden. Ein uralter Mann setzte sich auf einen von ihnen. Sein Gewand war weiß wie Schnee und sein Haupthaar so weiß wie reine Wolle.

Daniel 7,9a nach Die Gute Nachricht

Er lebt in unzugänglichem Licht; kein Mensch hat ihn je gesehen, und keiner kann ihn jemals sehen.

1. Timotheus 6,16b nach Die Gute Nachricht

Der Uralte?
Urjung!

Der ferne
Schwebende?
Näher
als nah!

Der Mann
aller Männer?
Und auch
eine Frau!

Das Gottes-
porträt?
Der Stift
zerbricht.

Die Ikone
von Gott?
Der Malgrund
verbrennt.

Gott –
in die Fassung
gebracht?
Der Rahmen
ist längst
gesprengt.

In Mea Shearim, dem verfallenen Viertel der Jerusalemer Altstadt, das von gesetzesstrengen Juden bewohnt wird, sah ich einmal zwei alte Männer im Kaftan … vertieft in ein gestenreiches Gespräch. Ein vorübergehender Tourist zückte den Fotoapparat, … aber die beiden … zogen schnell und gleichmütig die Kappen vom Kopf und verhüllten die Gesichter … Das zweite Gebot wird im orthodoxen Judentum buchstäblich und radikal ausgelegt – wer fotografiert, macht sich schuldig. Denn im Bild wird nicht ein wesenloses, ohnmächtiges Ding gesehen, sondern in ihm wird Macht verkörpert geglaubt. Dorothee Sölle

Das Zweite Gebot – das Verbot der angebeteten Bilder – war lange in der christlichen Tradition unseres Landes gestrichen. Es war in die Vergessenheit entsunken. Dadurch fehlte ein tiefsitzender Widerstand gegen das Aufkommen nichtiger Götzenbilder und ihrer verheerenden Folgen. Du kannst dich nicht zum Zweiten Gebot bekennen und gleichzeitig täglich mit Heil Hitler! grüßen, als hinge das Heil von einem vergötterten Menschen ab, dessen Bild in fast allen Amtsstuben wie auch Wohnzimmern hängt. ● Wir müssen also das Zweite Gebot der Vergessenheit entreißen, damit ein feines und scharfes Gespür sich entwickelt gegen das Aufkommen machtwütiger Idole in jederlei Gestalt. Es sind ja nicht nur Personen, die zum Idol erhoben werden. Es sind auch anonyme Mächte, die darauf angelegt sind, den Menschen bis auf den letzten Rest zu entziffern und ihn beliebig verfügbar zu machen. ● Du sollst das Geheimnis nicht antasten – weder des Menschen noch der Kreaturen noch der Erde noch Gottes, in dem alles Leben enthalten ist. Wenn du das Geheimnis Gottes wahrst, dann wird auch das Geheimnis der Erde, der Kreaturen, des Menschen erhalten bleiben. ● Die Welt, die dir gegeben ist, liegt dir vor Augen in lauter Bildern. Es sind gute Bilder, wenn du sie wahrnimmst in der ihnen eigenen Lebendigkeit. Sie werden zu schlechten Bildern, wenn du ihnen ihr Maß nimmst, sie verzerrst und sie anbetest. Durchschaue also die Bilder und laß sie nicht Macht über dich gewinnen.

Wenn du ein Bild von mir machen willst, nimmst du mich in deinem Bild gefangen. Ich will aber frei sein. Deshalb schütze ich mich vor deiner Bildermacherei.
Wenn du ein Bild von Gott machen willst, nimmst du ihm die Freiheit, der zu sein, der er ist. „Ich bin, der ich bin" oder „Ich werde sein, der ich sein werde", hat er von sich gesagt. Als Befreier hat er sich erwiesen, als Grund aller Freiheit. Und du legst ihn in die Ketten deiner Bilder und Vorstellungen, die Herr über dich werden.
Ein Protest ist fällig. Ein Einspruch nämlich gegen das fixierende Bild, das so tut, als habe es das Leben und den Grund des Lebens sicher im Griff. Und ein Eintreten für die Freiheit deines Gegenübers, ein durchaus anderer zu sein als du ihn unter deinem Blickwinkel – nach deinem Bilde – siehst. Ein Eintreten für das Eigenrecht des Lebens jenseits der Bilder, die du dir von ihm machst.
Du sollst nicht ins Bild fixieren. Du sollst nicht meinen, du seist mit irgend jemandem und mit irgend etwas fertig. Du sollst nicht dem in dir mächtigen Drang nachgeben, ein endgültiges Urteil zu fällen. Laß die Chance des anderen Bildes offen – um der Fülle des Lebens willen.

Als ich Religionslehrer an beruflichen Schulen war, kam eines Tages ein Fernseh-Team und wollte Aufnahmen vom Religionsunterricht machen. Ich war damit einverstanden, und es nahm reichlich Bilder mit. Ich kann mich sehr genau erinnern, daß es in einer dieser Unterrichtsstunden ausgiebig und intensiv um den damaligen Vietnamkrieg ging. Als die Sendung ausgestrahlt wurde, kamen darin ausführlich zwei Frankfurter Berufsschüler zu Wort, die aus dem Religionsunterricht ihrer Schule ausgetreten waren mit der Begründung, er brächte nichts Aktuelles, zum Beispiel nichts von Vietnam. Der Kameramann hatte die Bilder mit dem Gegenbeweis im Kasten. Aber er ließ sie nicht heraus. Offensichtlich sollte der Eindruck erzeugt werden, der Religionsunterricht sei realitätsfern und ohne Interesse für das Leben.
Ich kann mir und anderen ein Bild machen, indem ich Bilder des tatsächlichen Sachverhalts mit geplanter Absicht, und ohne daß es die Betrachter je merken, ausblende und unterschlage.

Während ich dies schreibe, sehe ich, wie der friedliche Protest chinesischer Studenten, dieser Aufbruch in spontaner Herzlichkeit, umgefälscht wird in eine Aktion krimineller Konterrevolutionäre. Die Bilder der Sympathie sind wegretuschiert. Es grinst der Triumph des Regimes.
Während ich dies schreibe, geht mir durch den Sinn, wie es aus einer jungen Frau herausbrach – als sei das ein lebendiger Kommentar zum Zweiten Gebot: „Ja, er hatte ein fertiges Bild. Und damit hat er die Partnerin – und die Beziehung zwischen ihnen – fertig gemacht."
Von einer „Versündigung" spricht Max Frisch, „die wir, so wie sie an uns begangen wird, fast ohne Unterlaß wieder begehen – ausgenommen, wenn wir lieben".

...ICH WEISS EIGENTLICH NICHT GENAU WIE ICH DICH SEHE... ABER ICH WÄRE SO VIEL GLÜCKLICHER WENN DU MEINEM BILD ENTSPRÄCHEST

„Wer nicht ewig leben soll, der soll ewig sterben" – sagte der Reporter und photographierte den Todeskampf.
Erwin Chargaff

Die Geisel: an der einen Schläfe die Pistole des Geiselnehmers; an der anderen Schläfe die Kamera des Reporters.

Das unersättliche Auge. Sieht es sich blind?

Die rasende Kamera. Sie läuft Amok.

Die Jagd auf Sensationsfotos. Die visuelle Verhinderung, auf Bildeindrücke sensibel reagieren zu können.

Die entfesselte Bilderflut. Der Mut, mit wenigen Bildern ein Bollwerk, einen Deich, einen Damm des Innehaltens zu bauen.

Die Kunst, bei einem Bilde zu verweilen. Die Geduld, einem Bilde entgegenzuwarten. Der Verzicht, ein Bild zu erzwingen.

Die Photographie hat das Ebenbild zerstört.
Elias Canetti

Auch bei Fotojagden gibt es Wilderer.
Hans-Horst Skupy

Wem wollt ihr da Gott vergleichen und was als Ebenbild ihm an die Seite stellen?

Jesaja 40,18 nach der Zürcher Bibel

Und Gott schuf den Menschen ihm zum Bilde, zum Bilde Gottes schuf er ihn.

1. Mose 1,27a nach Martin Luther

Gott schuf also den Menschen als sein Abbild; als Abbild Gottes schuf er ihn.

1. Mose 1,27a nach der Einheitsübersetzung

Dann sagte Gott: „Nun wollen wir den Menschen machen, ein Wesen, das uns ähnlich ist! Er soll Macht haben über die Fische im Meer, über die Vögel in der Luft und über alle Tiere auf der Erde.“ Gott schuf den Menschen nach seinem Bilde, er schuf Mann und Frau.

1. Mose 1,26.27 nach Die Gute Nachricht

Jetzt sehen wir nur ein unklares Bild wie in einem trüben Spiegel; dann aber von Angesicht zu Angesicht.

1. Korinther 13,12a nach Die Gute Nachricht und Martin Luther

Ich bin das Ebenbild dessen, der sich weigert, je ein Bild zu sein.

Weil ich ein Ebenbild des Bildlosen bin, bin ich nie im Bild zu erfassen.

Der Unvergleichliche – plötzlich zieht er sich selber in den Vergleich

Weil mich Gott seines Vergleichs würdigt, hege ich Wohlwollen den Vögeln, den säugenden Tieren, den Fischen gegenüber.

Ich sehe die Geschöpfe über und auf und – im Wasser – unter der Erde. Aber ich banne sie nicht ins Bild.

Ich habe Macht über die Fische im Meer, über die Vögel in der Luft, über die Tiere auf der Erde. Aber so viel an mir ist, enthalte ich mich der Gewalt.

Als der Mensch anfing, gierig ins Bild zu blitzen, erbleichten seine Mitkreaturen und fielen leblos zu Boden.

Überfallartig greifen die Bildfixierer zu. Es ist nicht nur der Schnappschuß mit dem Foto. Da sind der arge Verdacht und die zuschnappende Beschuldigung: Dieser ist „Staatsfeind“. Diese unterstützt die Armen. Hier paktiert jemand mit den Schwarzen. Dort hegt eine Gruppe eigene Gedanken und einen unfügsamen Glauben. Die Pharaonen der Welt haben ihre Verfolgungs- und Foltermethoden.
Doch unentwegt kämpfen zum Beispiel Amnesty International, Greenpeace, Robin Wood an gegen die finstere Bildermacherei – auf den Spuren des zweiten Gebots.

Als Gott die Welt erschaffen hatte, machte er kein Bild von ihr.

Der Mensch zückte den Apparat. Was hatte er vor? Und was hatte er davon?

Er war ununterbrochen damit beschäftigt, das Fest auf einen Film zu bannen. Am Ende merkte er, daß er versäumt hatte, das Fest zu feiern.

Er brachte seinen Apparat in Anschlag. Ist Fotografieren eine militärische Aktion?

Als er das Foto geschossen hatte, wandte er sich von dem Objekt brüsk und ohne eines Blickes zu würdigen ab.

Aber da war der Fotograf in Paris. Er überraschte uns, als wir über die geschwungene Brücke gingen. Danach schwenkte er fröhlich die Kamera. Nie haben wir das Bild zu sehen bekommen. Wir hätten auch nichts dagegen gehabt, wenn es um die ganze Welt gegangen wäre.

Ich fotografiere gern Schmetterlinge. Ich betrachte ein Foto als gelungen, wenn ich mich annähere und wieder zurücknehme, ohne daß der Falter erschreckt auffliegt.
Die Fläche eines Fotos – was gibt es da zu durchschauen? – Du mußt nur durchschauen, daß es sich um eine Fläche handelt. – Oder doch: lassen sich nicht auch aus Fotos Collagen komponieren, Collagen eines Lebens, Lebenscollagen, unverwechselbare, eindringliche, in der Bewegung bestehende, nie auf ein Bild fixierbare? Es gibt Personen und Szenen unter Blitzlichtgewittern. Ganze Kontinente aber bleiben unausgeleuchtet. Das Zerrbild scheint unvermeidlich.

Ich sehe in den Spiegel. Ich will mir auf der Spur bleiben.

Ich verbringe mein Leben vor dem Spiegel. Ich habe meine Wandlungsfähigkeit eingebüßt.

Ich wehre mich dagegen, der Spiegelreflex eines anderen Menschen zu sein. Ich entspiegele mich. Die mündige Existenz: die entspiegelte Existenz.

Bin ich ein Selbstbespiegler, wenn ich vor den Spiegel trete? Ich setze mich dem Spiegel aus. Das kann auch ein Akt von Schonungslosigkeit sein, von Wahrhaftigkeit, von Mut, sich nicht auszuweichen.

Künstler und nicht minder Künstlerinnen haben sich lebenslang dem Spiegel ausgesetzt und zeichnend oder malend nachgeforscht, wer sie sind. Ich denke an Albrecht Dürer, an Max Beckmann, an Paula Modersohn-Becker. Ich denke an Vincent van Gogh, der sich auch dann noch malte, als er sich das Ohr abgeschnitten hatte.

Da sind Landschaften des Gesichts, die der Spiegel frei gibt. Und da sind gemalte Landschaften, in denen sich von Angesicht zu Angesicht die Bewegung des Lebens widerspiegelt.

Nehmt euch um eures Lebens willen gut in acht! Denn eine Gestalt habt ihr an dem Tag, als der Herr am Horeb mitten aus dem Feuer zu euch sprach, nicht gesehen. Lauft nicht in euer Verderben, und macht euch kein Gottesbildnis, das irgend etwas darstellt ... Euch aber hat der Herr ... aus dem Schmelzofen, aus Ägypten, herausgeführt.

5. Mose 4,15.16a.20a nach der Einheitsübersetzung

Als die Volksmenge sah, was Paulus getan hatte, riefen alle in ihrer lykaonischen Sprache: „Die Götter haben Menschengestalt angenommen und sind zu uns herabgestiegen!“ Der Priester aus dem Zeus-Tempel vor der Stadt brachte Stiere und Blumenkränze ans Stadttor und wollte mit der Menge ein Opferfest zu Ehren der Apostel feiern. Als Barnabas und Paulus merkten, was sie vorhatten, zerrissen sie entsetzt ihre Kleider, drängten sich unter die Menge und riefen: „Ihr Leute, was macht ihr da? Wir sind doch Menschen wie Ihr! ...“

Apostelgeschichte 14,11.13–15a nach Die Gute Nachricht

Und noch ein anderes Tier (das Symbol der „Priesterschaft“ des römischen Kaisers) sah ich vom Lande her heraufkommen ... Und es befiehlt den Erdenbewohnern, dem Tiere (dem Symbol der Gewalt des römischen Herrschers) ... ein Standbild zu errichten. Und es brachte den Tod über alle, die dem Abbilde des Tieres nicht huldigen wollten.

Offenbarung Johannes 13,11a.14b.15b nach Ulrich Wilckens

Das Idol lästert den Glauben. Es zertritt die Liebe. Es läßt alle Hoffnung welken.

Doch das lebendige Bild erfreut den Glauben, blüht in der Liebe, gibt der Hoffnung Gestalt.

Mach dir kein Idol. – Halte dich frei vom Idol.
Das Idol ist die Machtergreifung eines extrem egoistischen Bildes.
Das Idol ist eine Plastik, die sich vor die Sonne stellt und durch ihren Geltungsdrang das umgebende Leben verdunkelt.
Das Idol ist eine visuelle, eine bildnerische Maßlosigkeit.
Idole verhindern, daß sich Gesichter herausbilden.
Idole fressen Unmengen von Verehrung in sich hinein.
Idole sind hochgehimmelte Figuren, die den Kontakt zur Erde verloren haben.
Idole verlangen strikten Gehorsam – bis in die Haartracht und die Augenwimpern hinein.
Idole fordern und fordern und lassen trostlos.
Idole maskieren das Leben. Verfällst du einem Idol, bekommst du das Leben nie zu Gesicht.

Damals, zur Zeit des Sehers Johannes, ernannte Domitian sich selber zum Gott. Alle Welt sollte schreien: Heil Domitian! Zum Zeichen dessen wurden Bildstöcke errichtet mit dem Bildnis von Domitian. Du sollst dir ein Bildnis machen von dem Herrscher der Welt. Vor dem sollst du niederfallen und es anbeten. Heil dir, wenn du es tust. Wehe dir, wenn du dich weigerst.
Aber die Christen weigerten sich. Wer sich weigerte, den Herrscher, der der große Unterdrücker war, in seinem Bilde anzubeten, riskierte, von seiner Macht zerdrückt zu werden. Aber auch: wer sich weigerte, einem Menschen, und sei es dem übermächtigsten, göttliche Ehren zu erweisen und sich vor seinem Bilde niederzubücken, verteidigte ein Stück Freiheit. Je mehr Menschen sich weigerten, umso mehr Stücke von Freiheit kamen zusammen. Denn das Gebot von der großen Bilderverweigerung ist das Gebot von der großen Befreiung.
Ihr habt aufgehört, Ziegel herzustellen, denen das Pharao-Siegel aufgedrückt war. Nun laßt euch nicht dazu verführen, euer Leben zu unterhalten mit dem Siegel des Domitian auf der Stirn. Domitian, das war der Kaiser, der Cäsar, der Imperator des Imperium Romanum, des Römischen Reiches. Das Reich des Cäsar war nicht das Reich Gottes. Das Reich des Cäsar war das Reich des Götzen.
Die Christen, die Christen waren, widerstanden dem Götzendienst. Die Frommen, so heißt es in der Offenbarung des Johannes, waren gerade keine ergebenen Duckmäuser. „Niederfallen ... werden alle, nur die Frommen nicht." Die Frommen bleiben Menschen erhobenen Hauptes. Das Bilderverweigerungsgebot verhilft dazu, Mensch erhobenen Hauptes zu bleiben.

Das war damals gegen Ende des ersten Jahrhunderts nach Christus in der Gegend von Kleinasien, einer damaligen römischen Provinz. Das war in einer Zeit, die uns sehr fern und doch sehr nah ist.
Denn warum waren Fromme in unserem Jahrhundert und in unserem Lande bereit, warum waren sie überbereit, „Heil" zu schreien, und sich den tödlichen Parolen zu weihen und die gewünschten Bilder anzubringen und sie mit unschuldigen Blumen zu schmücken? Als ob es nicht die große Warnung gegeben hätte vor dem Bilderdienst der Machthaber – mit all seinen Folgen?
Aber die große Warnung war sogar im Katechismus der Frommen getilgt. Und getilgt war auch die Erinnerung daran, daß sie – von Gott her – hervorging aus der Geschichte von der Herausführung aus dem „Sklavenhause" oder dem „Schmelzofen" in „Ägypten". Der Unterricht im Katechismus der Befreiung unterblieb. Stattdessen wurde in den Schulen gelernt:

Was sie auch Dome schufen,
steht oder falle.
Uns sind Altar die Stufen
der Feldherrnhalle.

Idol
griechisch/lateinisch „Bild"; Götzenbild; Abgott; falsches Ideal.
Der neue Duden

SIE TILG-
VÖLKER
VON
TEN DIE
NICHT,
DE-
ERGE-
HATTE
SIE VERMISCH-
IHNEN ZUR
DIE SIE
TETEN KA-
SCHLACH-
KEN, DASS
ENTARTE
DAS LAND
TE DURCH
BLUTSCHULD, SIE BEMAKELTEN SICH MIT IHREN
TATEN, SIE VERHURTEN SICH MIT IHREN SITTEN.

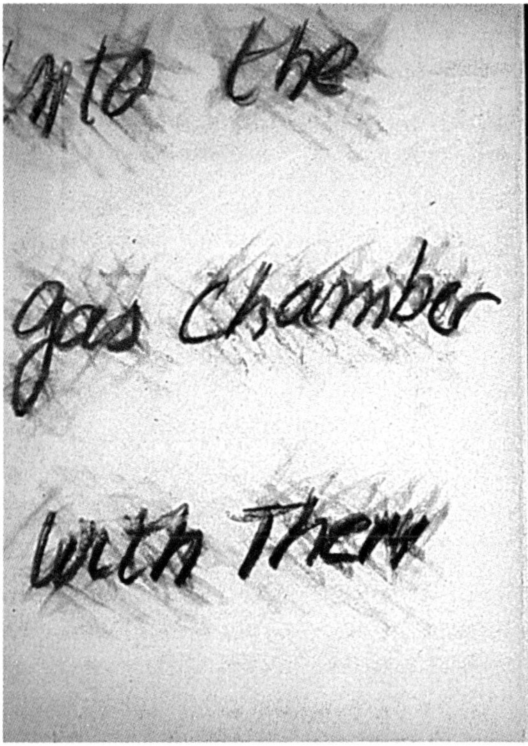

Meine Kunst entspricht einem Bedürfnis nach einer photographischen Bildersprache, die den Holocaust authentisch darstellt. Diese Bilder legen Zeugnis ab von meinen Erinnerungen, von meinen Empfindungen, von meinem Weiterleben.
Debbie Teichholz, New York.

Die Autorin der fotografischen Imagination „kämpft zwischen Geschichte und Vergessen, Erinnern und Verleugnen". Sie gestaltet „die Gefühle von Verbindung mit dem Holocaust und der Verwerfung seiner" zu einer „emotionalen Antwort".
Die Antwort auf das Greuel der Idole kann der Mitsprache der Bilder nicht entbehren.

Ich glaube an das Gute im Menschen.
Anne Frank

Wenn ihr in das Land kommt, das der Herr, euer Gott, euch geben wird, dann hütet euch, die abscheulichen Bräuche seiner Bewohner zu übernehmen. Keiner von euch darf seinen Sohn oder seine Tochter als Opfer auf dem Altar verbrennen.

5. Mose 18,9.10 nach Die Gute Nachricht

Sie vermischten sich den Stämmen, sie lernten ihre Taten, sie dienten ihren Schnitzdocken und die wurden ihnen zur Schlinge: Sie schlachteten ihre Söhne und ihre Töchter den Wichten, sie vergossen unsträfliches Blut, Blut ihrer Söhne und Töchter, die sie schlachteten, Kanaans Docken, daß das Land entartete durch Blutschuld, sie bemakelten sich mit ihren Taten, sie verhurten sich mit ihren Sitten.

Psalm 106, 35–39 nach Martin Buber

Mit dem Blut Unschuldiger haben sie diesen Ort angefüllt.

Jeremia 19,4b nach der Einheitsübersetzung

Sie errichteten die Kulthöhe des Baal im Tal Ben-Hinnom, um ihre Söhne und Töchter für den Moloch durchs Feuer gehen zu lassen. Das habe ich ihnen nie befohlen, und niemals ist mir in den Sinn gekommen, solche Greuel zu verlangen.

Jeremia 32, 35 nach der Einheitsübersetzung

Daß ich den wandernden Gott am Platz des von mir geschnitzten Bildes halten will, wird mir zum Vergehen.

Daß ich Gott nach meinem Bilde formen will, läßt mich ihn verfehlen.

Daß ich Bilder verstehe – mißverstehe – als Griffe – Angriffe – meiner Verfügungsgewalt, macht mich zum Missetäter am Leben.

Daß ich vor selbstgemachten Bildern niederfalle und sie anbete, nimmt mir den offenen Gotteshorizont.

Daß ich mein Bild von mir selbst unentwegt umkreise, hindert mich, Ebenbild Gottes zu sein.

Daß ich für meinen Kult von mir die Achtsamkeit für andere zum Opfer bringe, ist tödlich für das Leben der Welt.

Daß ich mit Erträgen meiner Arbeit – und sei es ohne Wissen – den großen Moloch füttere, hängt noch meinen Enkeln nach.

Sie hat keine Zeit für ihr Kind, weil sie in einer Wäscherei arbeitet, die um Kundinnen wirbt mit dem Slogan „Mehr Zeit für Ihr Kind!" Birgit Berg

Wir sehen mit Schrecken, wie langsam die Gesellschaft der Erwachsenen die Verantwortung für die Kinder übernimmt, die sie in die Welt gesetzt haben. Alva Myrdal

Der Bilderdienst ist ja keine harmlose Spielerei. Der Bilderdienst ist eine mörderische

Angelegenheit. Im alten Israel und in seiner Umgebung waren es Bildstöcke, die dem Moloch aufgestellt wurden. Den Moloch umgibt eine Aura des Unersättlich-Ungeheuerlichen. Wörtlich ist Moloch eine Nebenform von Melech = „König". Er war ein in Kultbildern dargestellter Gott-König oder Königs-Gott (Baal) aus dem kanaanitischen Bereich, der Opfer für sich forderte. Er nahm die Opfer vom Allerlebendigsten: Er nahm Söhne und Töchter. Noch jetzt fällt über das düstere Hinnom-Tal am Rande Jerusalems ein Schatten des Grauens. Dort sollen Altäre für Kinderopfer gestanden haben.

Wer einmal aufmerksam geworden ist, findet Spuren des kultischen Kindermords quer durch die Hebräische Bibel. So sind sie im zweiten Königsbuch 23, 10 ersichtlich, so auch bei Jeremia 32, 35 und bei Ezechiel 16, 20-22. Im Richterbuch wird von der Tochter Jiftachs berichtet, die einem Gelübdemord durch die Hand ihres Vaters zum Opfer fällt. An ihr wird vollzogen, was von Isaak im letzten Moment abgewendet wird. Es hat den Anschein, als habe der Glaube an Jahwe, der Glaube an den Gott Israels, erst selber mit solchen in ihn hineingetragenen Bräuchen ringen müssen, bis er seine unbedingte Entschiedenheit gewinnt. Du sollst keine Kultbilder errichten, die lebendige Kinder verschlingen. Dieses widerspricht meinem heiligen Willen.

Der Schuh eines einmal lebendigen Kindes steht auf einer Konsole in Yad Vaschem, in der Jerusalemer Erinnerungsstätte an die Greuel des Nationalsozialismus. Dazu ist die Zahl der damals hingemordeten Kinder geschrieben. Sie geht weit über die Million. Juden, Sinti und Roma, auch Menschen östlicher Völker, sollten der „Endlösung" zugeführt werden, das heißt der gänzlichen Vernichtung. Sie alle sollten einem überdimensionalen Kultbild zum Opfer gebracht werden, dem die Züge des vermeintlichen arischen Menschen eingeschnitzt waren. Die Rasse des nordischen Herrenmenschen sollte hervorgezüchtet werden. Selbst „nordisch" scheinende Christus-Bilder wie das von Albrecht Dürer gezeichnete („Selbstbildnis im Pelzrock") mußten dazu herhalten, den arischen Bilderdienst zu stützen, obwohl doch Jesus ohne allen Zweifel selber Jude war und mit herrschenden Bildern vom minderwertigen Anderen betont und provozierend brach.

Die Juden aber wurden in der NS-Zeit dargestellt als häßliche Krämer, als abscheuliche Aussauger der Völker, zumal des deutschen. Je bereitwilliger die Kultbilder vom Herrenmenschen und die Schandbilder vom Knechtsmenschen aufgenommen wurden, umso bereitwilliger wurden die Abtransporte in die Gaskammern betrieben und geduldet.

Du sollst keine Zwingbilder herstellen, unterstützen und Gewalt gewinnen lassen. Denn sie sind mörderisch.

Hört jemand die Gewissensängste eines verbrecherischen Autos?
Pablo Neruda

Wer Geld hat, kauft ein Auto. Wer keins hat, kommt auf andere Weise um.
Auto-Heck-Aufschrift

Die modernen Kentauren sind halb Mann, halb Sportwagen. Edith Grobleben

Der Wald ist tot. Es lebe das Auto.
Graffito

Was *zwischen* Hamburg und München eingeübt wird, das Recht des Stärkeren, das wirkt *in* Hamburg und *in* München dann erst richtig.
Stefan Baron

Schärfen wir die vom schillernden Chrom geblendeten Augen! Das vergötterte Traumidol wandelt sich zum grausamen Moloch, dem immer noch … Kinder geopfert werden, Jahr für Jahr mehr als 600 unschuldige Todesopfer und mehr als 50000 verunglückte Kinder allein in der Bundesrepublik. Klaus Spitzer

„Fluch über jeden, der sich aus Holz oder Metall ein Gottesbild anfertigen läßt, ein Werk von Menschenhand, und es heimlich aufstellt; denn damit beleidigt er den Herrn.“ Und das ganze Volk sagt: „Amen!“ (So sei es!)

5. Mose 27,15 nach Die Gute Nachricht

Assur soll uns nicht helfen; wir wollen nicht mehr auf Rossen reiten, auch nicht mehr sagen zu den Werken unserer Hände: „Ihr seid unser Gott“; sondern laß die Waisen bei dir Gnade finden.

Hosea 14,4 nach Martin Luther

Assyrien kann uns nicht befrein, auf Rossen wollen wir nicht reiten, nicht sprechen mehr: Unser Gott! zu dem Gemächt unserer Hände, da doch in dir der Verwaiste Erbarmen findet.

Hosea 14,4 nach Martin Buber und Franz Rosenzweig

Der große Bruder soll uns nicht helfen. Das Leben zählt nicht mehr nach den PS. Was wir haben und sind, hängen wir nicht mehr an unserer Hände Produkt. Den Waisen der Welt schenken wir's hin.

Technopolis kann uns niemals befrein. Mit Autos wollen wir nicht mehr prunken. Nicht sagen wollen wir mehr: „Unser Gott!“ zum Blech aus unseren Händen. Wir sind wahrlich verwaist – außer in dir.

Der Bund mit der Großmacht garantiert uns kein Heil. Auch die Hektik auf Rädern bringt uns nicht weiter. Was ist unser Leben?: Kult des Automobils? Das Erbarmen verwaist.

Wir hören auf, auf die Großmächte zu schwören. Wir lassen uns nicht mehr vom letzten Modell faszinieren. Uns imponiert nicht, was in den Messehallen der Welt – bis in den Himmel – aufgebaut ist. Aber das Waisenkind, das darin herumirrt!

Denk dir neue Varianten des Textes aus. – Jedes sogenannte Gebot: ein ganzer Kosmos von Bezügen.
Nimm biblische Sätze als plastischen Stoff. Forme daraus Widersprüche – produktive Widersprüche – zur Zeit.
Wörter aus biblischen Worten setzen sich im heutigen Kontext neu in Szene. Eine korrekte Übersetzung, die bei sich selber bleibt, sargt einen biblischen Satz ein. Du kannst, wenn du in ihm liegende Möglichkeiten herausgespielt hast, wieder zu ihm zurückkehren. Er ist dann bereichert.
Assur, das untergegangene, kannst du als heute anrufbare Großmacht nicht zitieren. Dafür aber die USA oder die UdSSR – ärgerlich nah – als große Mächte, die auch nicht gegen Untergang gefeit sind.
Und dann: Spiele innerbiblisch zum Beispiel das Wort „Waise“, „verwaist“, durch. Du bist dann sehr in der Gegenwart.

Kürzlich belehrte mich ein Fahrrad fahrender junger Vater, der sich sein kleines Kind in einem Tragebeutel über die Brust gehängt hatte. Er sagte, wenn ich auf Fahrradwegen fahre, gäbe ich den Autofahrern und zumal den bedenkenlosen Rasern freie Fahrt. Er aber begebe sich mit seinem Rad auf die normale allgemeine Fahrbahn und mische sich unter den dortigen Verkehr. Als langsamster Verkehrsteilnehmer wirke er bremsend und trage zur Verlangsamung des Verkehrs insgesamt bei. Es blieb nicht aus, daß wir weiter über Autos sprachen, und er äußerte bald den entscheidenden Satz, der da lautet: „Bei uns denkt man Auto."
In einer Zeitung schrieb eine Mutter einen Protestbrief, in dem sie sich beklagt, daß in dem Neubauviertel ihrer Stadt binnen kurzer Zeit neun Kinder auf der Straße verunglückt seien. Nicht nur die schlimme Tatsache war Anlaß ihrer Klage. Sie klagte auch über den rüden Ton, in dem die Zeitung berichtete: Die Kinder hätten sich durchweg nicht verkehrsgerecht verhalten und hätten den Verkehrsfluß gestört. Daß der Autoverkehr sich jemals kindgerecht verhalten könnte und daß er in der jetzigen Form fortgesetzt den Fluß der natürlichen Kinderbewegungen stört, bleibt außerhalb aller Horizonte. Das wäre eine Sprache von einem anderen Stern.

Es sind nicht nur Väter verschiedener Generationen auf dem Platz vor der Uni und auch nicht nur zornige Leserbriefschreiberinnen, die sich mit dem Auto befassen. Auch höchsten Orts kommt das Thema mit hörbarem Bedenken in der Stimme auf. Beim Besuch Michail Gorbatschows in Bonn fiel in der mit Betonung so genannten Männerrunde aus dem Munde des Gastes die Bemerkung: „60 Millionen Menschen und 30 Millionen Autos – das ist ein Problem."
Das ist ein „Alptraum", wie eine einschlägige Ausstellung dokumentiert. Trifft es nicht zu, daß die Abgase all der Autos zum krass ersichtlichen Sterben der Wälder und zum Verderben der atembaren Luft erheblich beitragen? Trifft es nicht zu, daß die auf immer weiteren Zuwachs angelegte Autolawine menschliches und auch tierisches Leben zunehmend verletzt, gefährdet und auf den Tod bedroht? Und trifft es nicht zu, daß die expandierende Bildvorstellung „Auto" von früh an das Sinnen und Trachten von immer mehr Menschen bis zur Gänze beherrscht? Ist es dann nicht an der Zeit, es zu einer Christenpflicht zu erklären, sich des Autos zu „entwöhnen", wie es in einer Koje des Berliner Kirchentages hieß. Jedenfalls aber entschieden auf Verhältnisse hinzuwirken, von denen es nicht mehr heißen kann: „Man denkt Auto?"
Aber wenn solches selbst in Kreisen von Theologen und Männern der Kirche auch nur angedeutet wird, kommt eine gewisse abweisende Verlegenheit auf. Als ob solche Gedanken nicht in den Bereich christlicher Verantwortung oder gar in den inneren Kreis christlichen und biblischen Glaubens gehörten, und zwar erst recht, wenn das praktische Folgen für die eigene Lebensgestaltung haben sollte.

So viele Gesichter, so viel Widerstand gegen totale Erfassung. Aber die Gesichter müssen Gesichter sein.

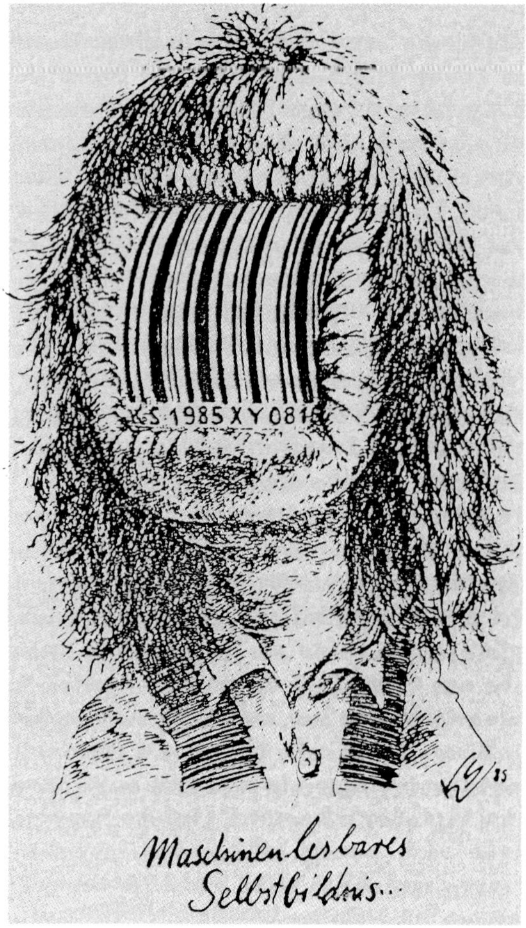

Ihr wißt, daß die, die als Herrscher der Völker gelten, sie unterjochen und daß ihre Großen sich Gewalt über sie aneignen. Bei euch aber soll es nicht so sein, sondern wer unter euch der Größte sein will, soll euer Diener sein, und wer unter euch der Erste sein will, soll der Diener aller sein.

Markus 10,42b–44 nach der Jerusalemer Bibel

Ihr wißt: ein Machtapparat läßt sich aufbauen, für den jedes Gesicht maschinenlesbar und jeder Mensch maschinenverwertbar ist. Der Plan ist perfekt.
Ihr aber entsagt der totalen Erfassung. Ungezwungenen Blicks lest ihr im unpräparierten Gesicht. Es leuchtet.

Ihr wißt: die Herrschaftssysteme der Welt speichern fixierte Bilder und rüsten sich für den Übergriff. Daten sind schon gesammelt.
Unter euch aber herrsche ein Klima frei von der Angst. Die feindlichen Bilder fallen. Jenseits der Raster seid ihr ein Ärgernis unbewaffneter Freundlichkeit.

Ihr wißt: die Wissensbesitzer haben die Instrumentarien. Sie messen mit dürftigem Blick und verpassen der Welt ihr mit Gewalt begradigtes Gesicht.
Unter euch aber verbreite sich Weisheit. Krumm und bucklig ist Weisheit und unter Runzeln lächelnd und ein Alptraum aller exakten Apparatur.

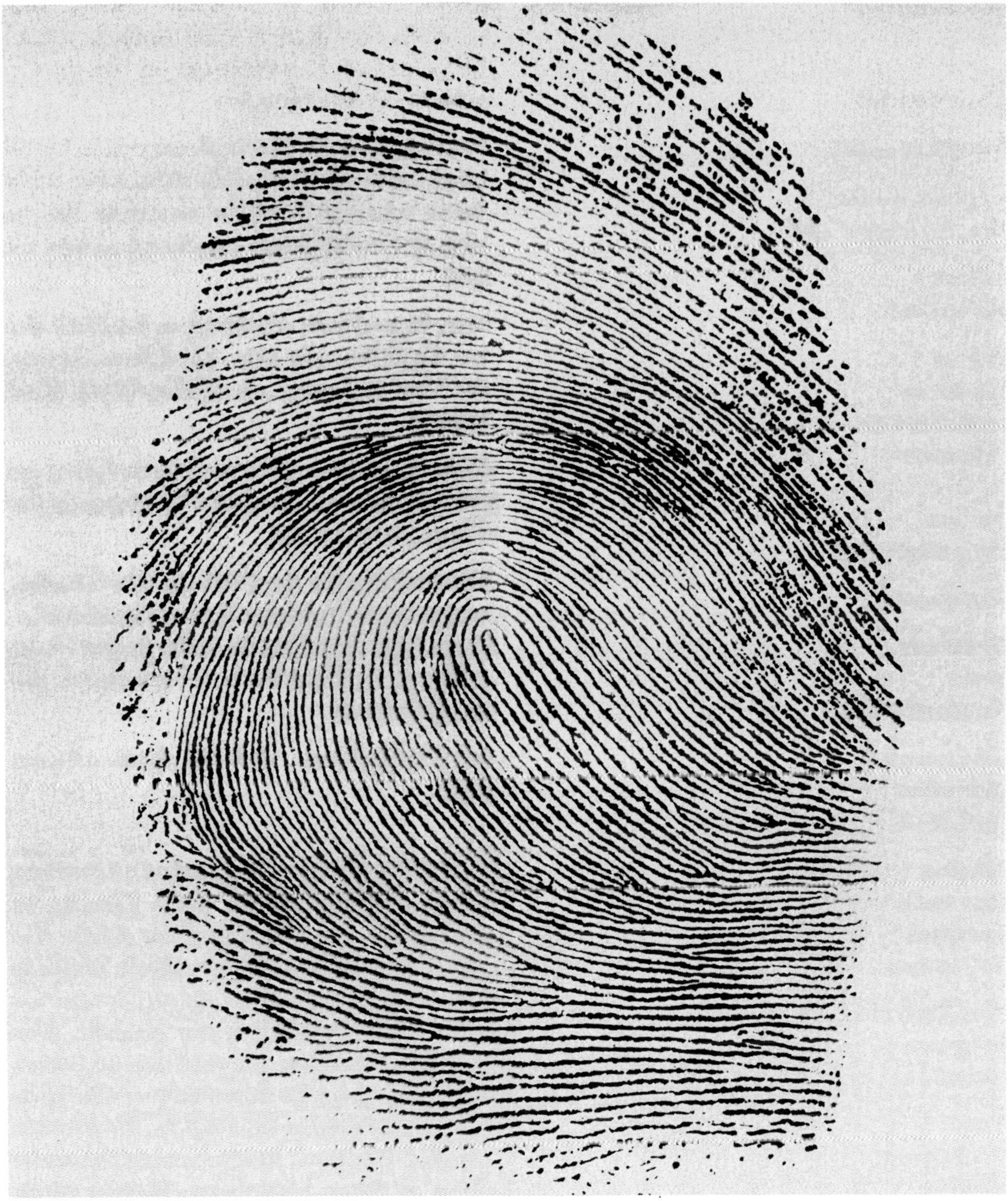

Richtet nicht! **Matthäus 7,1a**

Fixiert nicht!

Verziffert nicht!

Legt die Maske
des „Richtigen“ ab!

Öffnet
die Visiere!

Achtet
das nie zu
verrechnende
Angesicht!

Ihr hört,
das gesagt wird:

Manipuliert.

Greift ein
in die
Werdesubstanz.

Züchtet euch
Menschen
nach Maß.

Ich aber
sage euch:
Das Maß
ist gegeben.

Das Werden
hat guten
Grund.

Tastet
den Anfang
nicht an.

Das Gesicht ist nicht Fläche. Das Gesicht ist Tiefe. Aus deinem Gesicht blicken mich Gesichter an. Dein Gesicht enthält die Geschichte deines Gesichts.

Wenn ich nur die Fläche deines Gesichts abbilde, töte ich das Leben deines Gesichts. Wenn ich dich festhalte in einem Augenblick des Anschauens, mache ich aus dir ein Idol.

Nun aber schaue ich durch in die Tiefe deines Gesichts, aus dem die Überraschung, die Verwunderung, die Unerschöpflichkeit kommt.

Wenn ich dich anschaue deinem Leben gemäß, kann ich an keinem Punkt meines Anschauens verharren.

Ich verschmähe die Fülle deines Gesichts, wenn ich mich auf eine Ansicht beschränke. Dein Auge! Wie bist du voller Augen! Auge um Auge sieht mich aus der Geschichte deines Lebens an.

Ich durchschaue, daß ich durch schauen muß.

Dein Gesicht birgt nicht nur die Gesichter deiner Vergangenheit. Dein Gesicht ist auch offen für die Gesichter deiner Zukunft. Dein Gesicht ist eine große Möglichkeit. – Jedes Gesicht ist ein werdendes Gesicht. Wehe, wenn ich mir anmaße, dem Werden eines Gesichts ein Ende zu setzen, indem ich es im Jetzt festhalte. – Die Menschen um mich herum: Welche Möglichkeiten des Werdens! Welche unerschlossenen Züge in ihren Gesichtern. Welche freien

Flächen für noch ausstehende Ankünfte. – Aber um mich herum auch: Welche Neigung, Gesichter abzuriegeln, sie als fertig abzupacken.
Lebendigen Gesichts werden Gesichter für tot erklärt.

Wenn ich dir ins Gesicht sehe und wenn ich dir wieder ins Gesicht sehe, sehe ich nicht in dasselbe Gesicht. Und doch bist es du.
Du würdest nicht du sein, wenn dein Gesicht, in das ich jetzt sehe, noch dasselbe wäre, in das ich eben gesehen habe.
Du würdest nicht du sein, wenn ich dein Gesicht, das nun nicht mehr dasselbe Gesicht ist wie das, in das ich eben gesehen habe, nicht wieder-erkenne als eben dein Gesicht.
Wenn ich dich wieder und wieder ansehe, dann ist es, als ob ich dich zeichne mit einem ununterbrochen die Linien unterbrechenden Stift.

Die Künstlerin Hetty Krist hat dazu angesetzt, lauter auf die Lebendigkeit ihres Lebens hin aufgebrochene Bilder zu zeichnen. Ich komme woher. Und ich gehe wohin. Und alles dies ist in meinem Gesicht enthalten. Das Altersgesicht trägt Spuren seiner Jugend in sich, und das Wechselspiel über die Zeiten hin macht seine Jugendlichkeit aus. Sie hat das Gesicht, das auf der Titelseite dieses Heftes wiedergegeben ist, so gezeichnet, als höre sie nicht auf, es zu zeichnen. Und ich fange an, dieses Gesicht zu betrachten, als hörte ich nie auf, es zu betrachten.

Die Erfasser sind am Werk. Die Entschlüßler. Die restlosen Enträtsler. – Es geht darum, ob Gott diesen Zu- und Angriffen gegenüber als Geheimnis begriffen werden kann, als tiefster Grund von Unbegreiflichkeit, als letzter Widerhalt für den Widerstand gegen die Begreifer, die das Leben in ihren Griff nehmen wollen. – Es geht darum, ob im Menschen ein Kern von Unbegreiflichem und Unangreifbarem behauptet werden kann, etwas dem Zugriff Unzugängliches, das auch dem raffiniertesten Erfassungsinstrumentarium entzogen bleibt, ein Ungrund von Unabhängigkeit und Freiheit.
Wenn dem Menschen von Gott her, von seinem Ursprung her, zugesprochen wird, Gottes Ebenbild zu sein, dann heißt das offenbar auch und gerade, daß weder Gott noch Mensch in einer von Menschen gebildeten Vorstellung oder in einem abschließenden Begriff aufgehen, sondern daß in ihnen und durch sie hindurch und von ihnen her die Quelle des Lebens gewahrt wird.

Wir tragen an uns die präzisen Fingerlinien. Und wir tragen die Prägnanz des Gesichts.
Du sollst dir kein Bildnis machen. Du sollst die Wandlungskraft des Gesichts nicht in Ketten legen, als handle es sich um die Linien auf den Kuppen der Finger. Du sollst nicht meinen, du könntest das anschaubare Geheimnis umfälschen in ein auflösbares und verrechenbares Rätsel.

Es gibt meiner Ansicht nach
nur einen einzigen
überzeugenden Weg:
Sich offenhalten für den,
der kommt. Dessen Kommen
wir nicht vorwegnehmen
dürfen, jedenfalls
nicht endgültig.
Herbert Falken

In den Abbildungen der
Ikonenmaler sehen wir
selbst … die gnadenvollen
und durchlichteten Antlitze
der Heiligen, in ihnen aber …
das zur Erscheinung
gebrachte Bild Gottes
und Gott selbst.
Pavel Florenskij

Vidisti fratrem,
vidisti dominum.
Hast du den Bruder gesehen,
hast du den Herrn gesehen.
Klemens von Alexandrien

Das Bild des Gekreuzigten
in unseren Herzen
ist der reale Mittelpunkt
christlicher Existenz.
Joachim Ziegenrücker

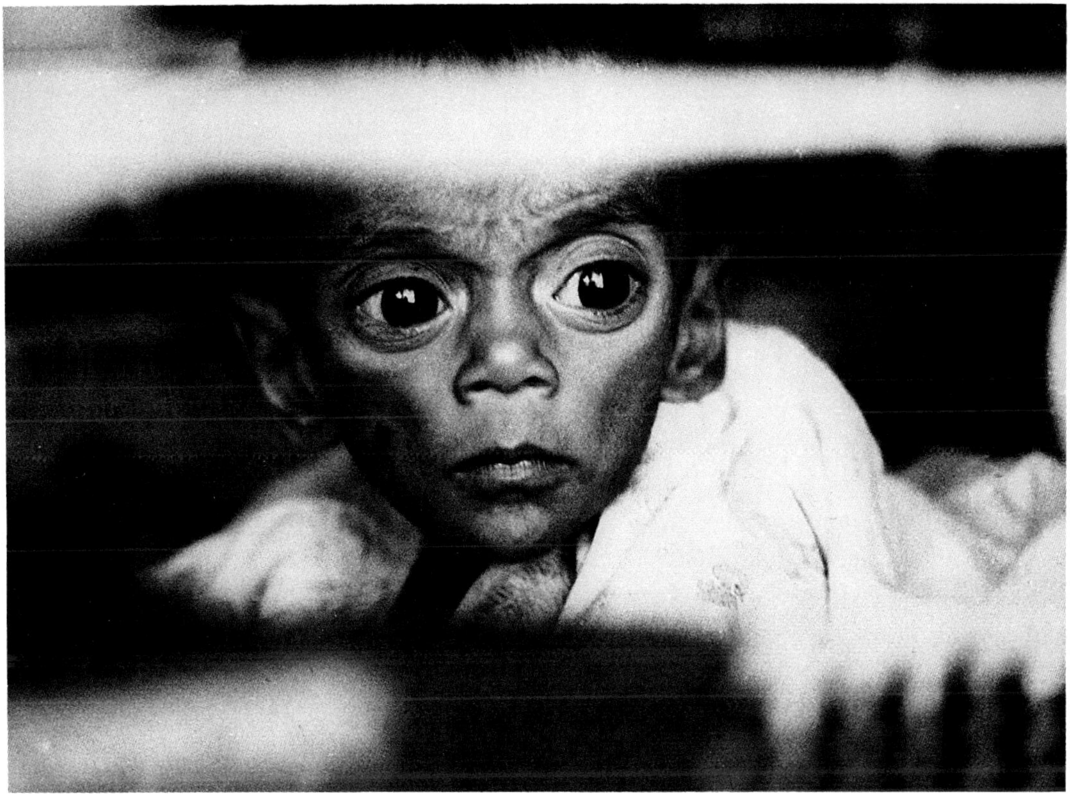

Der Schock:

daß der Fotograf das Kind zwischen Hausmüll fand unter Fliegen in den Armen der toten Mutter, die auf der Suche nach Nahrung war.

Der Skandal:

daß Bilder hungernder Kinder wie dies aus Patna in Indien abstumpfen, lähmen, Ohnmacht empfinden lassen, zur dumpf registrierten Gewohnheit werden.

Der Stachel:

daß die Augen des Findlings sich einbrennen durch das empfindungslose Papier des Bildes hindurch:
Hier
bin ich.
Ich bin, die ich bin.
Ich bin, der ich bin.

... das helle Licht des Evangeliums von der Klarheit Christi, welcher ist das Ebenbild Gottes.

2. Korinther 4,4b nach Martin Luther

... welcher ist das Ebenbild des unsichtbaren Gottes, der Erstgeborne vor allen Kreaturen.

Kolosser 1,15 nach Martin Luther

... daß sie gleich sein sollten dem Ebenbilde seines Sohnes ...

Römer 8.29b nach Martin Luther

Er hatte keine Gestalt noch Schöne ... Er war der Allerverachtetste und Unwerteste, voller Schmerzen und Krankheit ...

Jesaja 53,2b.3a nach Martin Luther

Was ihr getan habt einem unter diesen meinen geringsten Brüdern, das habt ihr mir getan.

Matthäus 25,40b nach Martin Luther

Sehet zu, daß ihr nicht jemand von diesen Kleinen verachtet. Denn ich sage euch: Ihre Engel im Himmel sehen allezeit das Angesicht meines Vaters im Himmel.

Matthäus 18,10 nach Martin Luther

Ganze Feldzüge wurden geführt, weil ganze Völker zu Bildnissen von Feinden gemacht, zurechtgeschnitzt, umgemeißelt wurden. – Ganze „Feldzüge" der Aufklärung – der „Entfeindung" – müssen geführt werden, um Schichten der Verfeindung – fast mit der Haut verwachsene – von den Gesichtern abzulösen, genauer: sie abzulösen von der Sehhaut meiner Augen.

Jesus? / Der Entfeinder. / Der Befreunder. / Der Befreier / vom / tödlichen / Bilderzwang.
Jesus? / Der die Bilder / auferstehen / läßt. / Der das Ansehen / der Erde / neu macht. / Homo imaginator:
Der Bilder des Lebens freisetzende Mensch.

Aber schreib an die grau gewordenen Wände das leuchtende Wort „Imagination". Stärke deine leider verkümmerte Einbildungskraft.

Finde dich mit den Bildern des Elends nicht ab.

Verkümmere nicht in der Bildlosigkeit.

Was hat denn Gott geschaffen? Lauter Bilder!

Die Imagination ist die Erschaffung von Bildern als weitergehende Schöpfung.

Wir haben kein deutsches Wort, das dem Schwung und dem Feuer von Imagination gleichkäme.

Imagination ist das bildkräftige Aufleuchten möglicher Zukünfte.

Im Untergrund des Bilderverbots mußt du Imaginationen schüren.

In der Imagination brennt sich Freude am Gestalten ein.
Imagination vergöttert keine Bilder. Aber es entzündet sich eine Schau, in der das Leben sich ständig erneuert.

Von Jesus ist kein Bild überliefert, geschweige denn ein Foto. Keine Angaben liegen vor über Größe und Gewicht, über Haar- oder Bartwuchs, über irgendwelche unveränderlichen Kennzeichen. Auch das sogenannte Turiner Grabtuch (siehe Seite 26 unten) mit den eindringlichen und glaubwürdig scheinenden Gesichtszügen hat sich inzwischen – nach sorgfältigen und unabhängig geführten Gewebeprüfungen – als wesentlich späteres Gebilde aus einer ganz anderen Zeit erwiesen.
Trotzdem hat es durch die christliche Geschichte hin Jesus-Bilder gegeben. Und unaufhörlich tauchen neue auf. Trotzdem hat sich das Bild Christi tief in die Herzen von Menschen eingeprägt und wurde zur Quelle von Mut und überwindender Kraft. Trotzdem heißt es von diesem Jesus, in ihm sei Gott Mensch – und also auch Gestalt und also auch Bild – geworden und in ihm sei das Leben erschienen. Die Lebendigkeit seines Lebens drängt ständig danach, neu Bild und wirksame Wirklichkeit zu werden. Und zugleich bleibt in ihm und an ihm etwas unerfaßlich.

In meinem Zimmer über der Tür habe ich auch ein Jesus-Bild hängen. Es stammt von der Titelseite des „Spiegel". Es zeigt aus der Katakombenzeit einen jugendlichen Jesus, der das Mahl austeilt. – Bilder von Jesus können das Fragen wach halten, wer er denn war und woraufhin er denn wirkte.

Jesus wirkte zum Beispiel daraufhin, daß kein Bilderdienst mächtig wurde mit menschenmörderischen Folgen. Daß etwa die Samaritaner nach dem Bilde von Ungläubigen oder Halbgläubigen abschätzig behandelt wurden. Daß die Kanaaniter nach dem Bilde von Fremden draußen gehalten wurden. (Hier hatte er selber an sich zu arbeiten.) Daß die Aussätzigen unter dem Bilde der Unreinen wie ein Greuel ausgestoßen wurden. Daß die Frauen unter dem Bilde der Minderberechtigten nicht zum Wort und zum aufrechten Gang kamen. Daß die Kinder unter dem Bilde der Unmündigen von der Atmosphäre des Heils ferngehalten wurden. Daß die Armen unter dem Bilde der Unseligen keinen Lebensanteil erhielten.

Solches alles sind tödlich verehrte Bilder, gegen die Jesus, und zwar mit seinem Lebenseinsatz, ankämpft. Aber er kämpft nicht in einer bildlosen Kampagne. Er kämpft, indem er zum Beispiel das Bild des barmherzigen Samaritaners höchst anschaulich vor Augen malt – als produktives Ärgernis. Er geht sogar noch weiter und kämpft, indem er sich mit den Notleidenden und Todesgefährdeten identifiziert und in ihnen zum Bilde wird.
Hier steht nun Bild gegen Bild, nämlich Lebensbild gegen tödliche Bilder der „Nekrophilie" (Erich Fromm). Kommt allerdings in Jesusbildern diese heilsame Lebenswirksamkeit nicht zum Ausdruck, heben sie ab und werden selber zum Idol.

Kein Bildnis wirst du dir machen, / Kein Gleichnis an Meiner Statt. Abbilden wirst du nicht / Was am Himmel ist / Auf der Erde / Und unter der Erde / Im Wasser./ Wirf dich nicht nieder / Vor Bildern. / Bete sie nicht an / Und diene ihnen nicht: / Ich allein bin der HERR / Ich allein bin dein GOTT / Und meine Eifersucht ist groß: / Verbrechen (Missetat) der Väter, / Ich spüre sie auf (suche sie heim), / Bei meinen Feinden (denen, die mich hassen), / An den Söhnen der Väter / Und den Enkeln / Und den Kindern der Enkel (an den Kindern bis in das dritte und vierte Glied). / Treu aber bin ich / Und barmherzig zu denen, / Den Tausenden, / Die mich lieben (und meine Gebote halten).

2. Mose 20,4–6 nach Walter Jens (Martin Luther)

Der Bilderdienst, der Weihrauch für Idole, das Niederfallen vor dem „großen Tier" (vergleiche Offenbarung 13), das alles hat einschneidende und weitreichende Folgen: Millionen Hingemordete im Zweiten Weltkrieg. Verstrahlte Menschen, Tiere und Pflanzen nach Hiroshima und Tschernobyl. Entlaubte Bäume und verseuchte Böden in Vietnam. Unsere Enkel fordern Umkehr und eine folgerichtige Ethik der Folgen. Der Gott, der den verderblichen Bildern wehrt, verweist auf die Kraft des Erbarmens. „Dem Guten wird eine ungeheuer große Wirkungskraft und dem Bösen – bei aller Abscheulichkeit – die kürzere Laufzeit gegeben –, wenn das Gute getan wird" (Martin Stöhr).

Was treibt ihr unter euch im Lande Israel dies Sprichwort und sprecht: „Die Väter haben Herlinge (saure Trauben) gegessen, aber den Kindern sind die Zähne davon stumpf geworden?" So wahr als ich lebe, spricht der Herr, Herr, solches Sprichwort soll nicht mehr unter euch gehen in Israel ... Der Sohn soll nicht tragen die Missetat des Vaters, und der Vater soll nicht tragen die Missetat des Sohnes; sondern des Gerechten Gerechtigkeit soll über ihm sein, und der Ungerechten Ungerechtigkeit soll über ihm sein.

Ezechiel 18,2.3.20 nach Martin Luther

Was haben wir zu schaffen mit der Hitler-Zeit und mit unseren von Hitler infizierten Vätern und Vorvätern, sagen junge Menschen der nachfolgenden Generation heute.

Und sie haben recht!

Trotzdem kauen sie an Hinterlassenschaften. Manche gar kauen wieder und schreien „Ausländer raus!". Andere am anderen Ende gehen ins sogenannte Ausland und tragen Väter-Missetaten ab („Aktion Sühnezeichen"). Auch gibt es Väter, die den Missetaten ihrer Generation absagen und gemeinsam mit den Jungen einen neuen Anfang suchen. Und was ist mit den Müttern und Töchtern? Sind sie nicht Mitträgerinnen des Geschehens? Muß nicht ihr Wort und ihr Tun künftig mehr – als starke Alternative – ins Gewicht fallen?

Wenn du dich den Bildern des „Habens“ (Erich Fromm) nicht unterwirfst, dann werden die Bilder des „Seins“ umso mehr leuchten. Du wirst die Räume deines Lebens nicht kahl lassen, sondern mit Farben und Gestalten erfüllen.

Verwahre dich gegen die Flut der beliebigen Bilder. Aber wähle täglich oder doch wöchentlich ein Bild. Und leg es auf den Tisch oder auf den Boden oder häng es an eine dafür bereite Wand. Und umkreise es, gehe um es herum, nähere dich von verschiedenen Seiten. So bringst du es herein in die Lebendigkeit deines Lebens, und es macht dein Leben reicher.

Ich sehe im Haus der Wissenschaft Lernende mit ihrem Geist und ihren Händen am Werk. Sie pinseln an die Wände farben- und formenreiche Linien, Figuren und Gestalten. Die oft traurig grauen Gänge verwandeln sich in Alleen mit Früchte tragenden Bäumen oder in blühende Gärten.

Laß deine bildnerische Phantasie nicht verkümmern. Wer sie auf ein beherrschendes Bild festlegt, zehrt sie aus und nimmt ihr den Schwung. Sie kann nicht mehr als Signatur der Freiheit erfahren werden.

Einer, der Lehrer ausbildet, kommt aus Indien. Er ist in die Schule gegangen bei Rabindranath Tagore, dem „Goethe Indiens“, wie er sagt. Aber Tagore baute seine Schule und Universität Santiniketan (Hort des Friedens) im Angesicht der Armen und zur Entwicklung der Dörfer durch Selbsthilfe. Keine Noten (festgeschriebene Leistungsbilder) und keinen Personenkult gab es dort. In keinem der Räume hing und hängt ein Bild von Tagore oder von anderen Personen.

Wenn du auf den Weg der Freiheit geleitet wirst, wirst du dich auf kein Bild eines Führers in die Freiheit fixieren, und sei es das eines Mose. Du bist dazu freigesetzt, deine Wege selber zu finden.

Das Buch mit Bildern, das ich in dieser Woche auf meinem Platz der lebendigen Anschauung liegen habe, trägt den Titel: „Buchmalerei in hebräischen Handschriften“. Es kommt von einem jüdischen Ehepaar, das eine Folge von Veranstaltungen mit freundlich verhaltener und immer wieder auf die Spur verhelfender Rede begleitet hat. Beide haben die schlimmen Jahre durchlitten, und in das Buch sind also die Zeichen der Zeit eingebrannt. Der Glaube wird durch die Art der in diesem Band enthaltenen Bilder offenbar nicht verdorben. Vielmehr wird er durchleuchtet. Er wird illuminiert.

Kultbilder, Macht- und Bemächtigungsbilder aufzustellen, wird in der Hebräischen Bibel verwehrt. Äußere Bilder und innere Bilder: sobald sie zu Waffen werden, verheeren sie Leben.

Deshalb: „sammelt die Waffen“, sammelt die tödlichen Bilder „ein“, ja, setzt gar nicht dazu an, sie überhaupt zu schaffen, erklärt das Zweite Gebot.

Aber indem ihr Idole verhindert und Bilder durchschaut: gebraucht eure Augen, die „das Licht eures Leibes sind“ (Matthäus 6,22a). – Die Bibel strotzt von bildhafter Rede über das Leben der Menschen und das Leben der Welt und den lebendigen Gott. Nicht durch Ausscheiden von Anschauung, sondern durch ihren bedachten Gebrauch gewinnt sie Farbe und Leben.

Es gibt aber eine Art einer – speziell auch protestantischen – Angst, jede anschauende Freude des Götzendienstes zu beschuldigen. Als mache einer, indem er sich dem Bilde hingibt, daraus einen Altar. Als seien die leuchtenden Farben des Lebens der versucherische Tarnanstrich von heimlich aufgestellten Altären. Als seien die Gestalten der Schöpfung eben doch sehr schlecht und als müsse das Gute, ja das sehr Gute in ihnen, verleugnet werden, um Gott wohlgefällig zu sein. Grau in grau sank die Welt für das bilderfeindliche Bewußtsein aus den Farben heraus. Zieh dich schwarz an, dann stehst du außerhalb der Gefahr, das Bunte anzubeten. Auch muß eine freudlose Blässe dein Gesicht auszeichnen, damit ersichtlich ist, daß du kein Bilderfreund bist. Du mußt Distanz halten, deine Augen eintrüben und deine Ohren spitzen – für das Wort nämlich. Als ob das Wort sich nicht auch zum Götzen aufwerfen könnte! Das Leichte fällt gerade so schwer: die anschauende Freude – die ganz und gar unbefangene – über dem, was uns so farb- und formenreich gegeben ist.

Einer, der Wissenschaftler und bildender Künstler zugleich ist, nahm das Wort und erklärte: Wissenschaft hat einen Drang zum endgültigen Festlegen, als könne etwas fertig werden. Im Vorgang des künstlerischen Schaffens dagegen erlebe ich etwas immer neu Eröffnendes, das nie zu Ende kommt – Wäre also ein Lebenswissen denkbar, das seinem Wesen nach unabschließbar ist?

Habe ich euch nicht freigeführt aus dem Zwangsland „Ägypten“?
Warum also macht ihr euch neue „Ägypten“ durch die Gefängnisse eurer Bilder?

Habe ich den Pharaostolz nicht vom hohen Throne gestoßen?
Warum also setzt ihr die Machtbilder neuer Pharaonen auf das Podest?

Habe ich euch nicht die Hände gelöst von der Fron und vom Bau der riesigen Pyramiden?
Warum also legt ihr Hand an zum Bau von neuen Pyramiden, unheilsträchtigeren denn je?

Habe ich euch als Fremde nicht im verheißenen Lande heimisch gemacht?
Warum also fangt ihr wieder an, von angeblich Fremden Haßbilder zu malen?

Habe ich euch nicht eine Erde verheißen, auf der Milch und Honig fließen?
Warum also hat euer Wahnbild des Wachstums schon die Muttermilch vergiftet und die Bienen dezimiert?

Habe ich nicht das nachsetzende Heer der Vernichter in den Meeresgrund absinken lassen?
Warum also bringt ihr das Schreckensbild der totalen Zerstörung nicht auf Null?